LA DECLARATION

DE MONSEIGNEVR LE DVC DE BEAVFORT,

Enuoyée à Meſſieurs de Parlement.

A PARIS,

Chez CLAVDE LE ROY, au Mont Saint Hilaire.

M. DC. LII.

Auec Permiſſion de Son Alteſſe Royale.

LA DECLARATION DE
Monseigneur le Duc de Beaufort,
enuoyée à Messieurs de Parlement.

LA resolution que son Altesse Royale
a prise de chasser hors du Royaume
le Cardinal Mazarin, a esté non seulement approuuée de tous les trois Estats,
qui se sont ioints auec sadite Altesse;
mais de plus le Ciel authorise vn si iuste
dessein, Dieu se declare de son party, puisque par sa diuine Prouidence, tout se dis-
pose pour le faire triompher. Par vn iuste
iugement de Dieu, les ennemis de l'Estat
se défont par leurs propres forces: car ne se
seruant des Armes du Roy, que pour exercer mille barbaries contre ses sujets, &
n'appliquant ses sceaux que pour autho-
riser des injustices, au lieu de donner de
l'espouuante, ils s'attirent la haine de tout
le monde, & personne desormais de toutes leurs menaces n'en conçoit que du
mespris. Ceux qui ont dit que Themis
estoit au costé droit de Iupiter, & que c'e-

ſtoit Elle qui portoit ſes foudres, ont vou-
lù dire que les Roys ne doiuent employer
leurs forces, qu'en les accompagnant de
la iuſtice, & que tandis qu'ils remettront
leur authorité Souueraine entre les mains
d'vn Senat entier & auguſte, les Innocens
ſeront à couuert des calomnies, & les mé-
chans trembleront quelque audace qu'ils
puiſſent faire ſemblant d'auoir en la con-
tinuation de leurs crimes. Il eſt certain,
Meſſieurs, que cette Iuſtice qui porte les
foudres de noſtre Souuerain Monarque,
n'eſt autre que voſtre Auguſte Compagnie. Auſſi ne ſont-ils iamais lancez de
voſtre part, que ſur les teſtes veritable-
ment criminelles. Ce fut vn ſacrilege puny dans les Enfers, du plus cruel ſupplice
qu'on ait pû inuenter, que d'auoir dérobé
le feu du Ciel. Promethée qui en fut l'au-
theur, ſera eternellement puny par ce
veautour qui luy mange continuellement
le cœur, ſans eſtre iamais aſſouuy, & ce
cœur déchiré fournit inceſſamment de
quoy pour rendre les tourmens de cét ambitieux perdurables. Que pouuons-nous
dire de celuy qui pour animer l'idole de ſa

fortune

fortune, eſt monté iuſqu'au Throne, &
par vne main hardie & ſacrilege, a vſurpé
l'authorité Royale, pour perſecuter les innocens, & ſe couurir du manteau Royal,
pour exercer toutes ſortes de violences &
d'injuſtices Certes comme le bon heur &
la gloire de noſtre Monarque, ne peut
ſubſiſter que par ſa Iuſtice que la mauuaiſe
conduite d'vn Conſeil partiſan du Cardinal Mazarin, a taché d'arracher de ſes co-
ſtez. Auſſi pour procurer le bien de l'Eſtat,
il faut neceſſairement releuer l'authorité
des Parlemens, que ce Fauory ambitieux
& cét auare Conſeil ont voulu deſtruire.
Comme les bonnes choſes par le mauuais
vſage deviennent pires, auſſi l'ambition &
l'auarice s'eſtant emparées du Throne, Le
Cardinal Mazarin & ſa faction, ayant pre-
valu ſur l'eſprit du Roy & de la Reine, ſous
ſouleur autorité, reduit la France dans
vne extreme deſolation, & maintenant
qu'il a trouué le moyen reuenir à ſa Cour,
il eſt preſt de recommencer ſes cruautez, &
reiterer ſes ſanglantes Tragedies. Il eſt en-
tré dans la France auec les armes à la main
pour la combattre, ayant obtenu la un'b.

B.

de Generaliſſime des Armées du Roy ; Il a porté le fer & le feu par tout , & faiſant ſemblant de ſeruir le Roy , il fait maintenant vn continuel embrazement de tout ſon Royaume. Auſſi Dieu qui ne permet jamais le mal que pour en tirer vn plus grand bien , a ſuſciré pour la France Monſeigneur le Duc d'Orleans , pour remedier a tous ſes malheurs : Son Alteſſe Royale donne tous ſes ſoins pour la conſeruation de cet Eſtat , Et il ſemble que le Cardinal Mazarin & le Conſeil , ont pris à taſch de deſtruire ce que ce genereux Prince a tant de peine a conſeruer. Toute l'Europe a eſté teſmoing des perſecutions que ſon Alteſſe a ſouffert des Fauoris , & la moderatiou dont Elle a vſé dans les mauuais déportemens du Cardinal Mazarin , a eſtonné les plus affectiomnez au bien de la France , & maintenant que ſon Alteſſe a veu que le Cardinal Mazarin alloit donner le coup mortel à l'Eſtat , s'eſtant rendu encores plus puiſſant apres ſa Majorité , Elle s'eſt declarée contre ce Miniſtre , ne pouuant plus ſouffrir ſes inſolences , & a reſolu d'employer toutes ſes forces pour le chaſ-

ser. M'ayant fait l'honneur de me choisir
pour estre son Lieutenant, i'ay accepté
cette charge, auec d'autant plus de satisfa-
ction que i'espere en luy rendant du seruice
obliger toute la France, & singulierement
employant mon Espée à la manutention
de la iustice, au soulagement des peuples,
& à la destruction de l'ennemi commun
de tous les gens de bien. Quelque effort
que le parti Mazarin ait peu faire pour de-
crier les armes de Son Altesse Royale, neantmoins il n'a iamais peu persuader, ni ne
persuadera iamais qu'elles soient ou criminelles ou contre le seruice du Roy. Ie
suis certain que tous les veritables François sont du tout persuadez que Son Altesse Royale, & moi aimerions mieux mille
fois mourir que d'auoir la seule pensée de
choquer l'authorité Royale, mais nous ne
pouuons point souffrir que cet Estranger
dissipe les biens du Royaume qu'il perse-
cute l'innocence d'vn premier Prince de
Sang, & qu'il nous priue des affections de
nostre Monarque que nous estimons la
source de nostre bonheur & le comble de
nostre felicité. Vn Roy genereux ne crain-
dra vp

dra iamais que la puissance de ses Princes
rende son sceptre plus foible, & le Sage
apprehendera plustost que de preferer vn
Estranger à son propre sang ne l'affoiblisse
ou ne le trompe. Dans toute la conduite
de Son Altesse Royale, & la mienne, que
peut on recognoistre que des sentimens de
respect & d'amour pour nostre ieune Monarque, tournant nostre haine contre celuy
qui obsede la personne sacrée qui nous
menace insolemment, & a bien la hardiesse
de proposer au Conseil & mesme au Parlement de faire declarer criminels ceux
qui poursuiuent la punition de ses crimes.
Certainement, outre la deffence est tou-
jours permise, la guerre que nous decla-
rons au Cardinal Mazarin est pieuse, &
tant s'en faut qu'elle doiue choquer nostre
souuerain, bien qu'il soit le protecteur de
celui que nous combatons qu'au contraire
s'agissant icy de la possession de son affe-
ction Royale, laquelle nous disputons à cet
estranger Sang, & qu'il nous virua de a

  Sa Majesté bien loin de nous estimer
manquer à nos deuoirs, prendra cette que-
relle comme tres aduantageuse pour elle,
quand

quand mefme elle auroit deffein de ne fe
point declarer pour nous. C'eft auec vn
eftonnement du tout inconceuable, que
nous voyõs fa Majefté preferer cet Eftran-
ger à fes Princes, comme fi ce Sicilien for-
ty du néant, pouuoit affermir fa Couron-
ne, & fi ceux qui en font les plus beaux
fleurons pouuoient en obfcurcir le luftre
& diminuer fon éclat. Quoy? fa Majefté
voudra faire paffer pour criminels fes Princes? Comment pretend elle de reüffir en
cette entreprife? Quels crimes leur pourra
elle objecter, finon d'auoir trop fouffert
d'vn Fauory, qu'elle protege aujourd'huy
dans vn aage qui ne luy promet d'en dé-
couurir les rufes & les malices, & qu'elle
condamnera fans doute quelque iour, lors
que l'aage & l'experience luy auront ac-
quis vne plus haute connoiffance du gouuernement. Mais ie fçay bien qu'on fera
fonner bien haut que les Princes fe font
joints auec les Eftrangers, qu'ils les ont
attirez dans le Royaume. Il nous eft à la
verité bien facheux que nous foyons con-
traints de nous feruir de ce remede, qui pa-
roift d'abord vn peu rude, mais qui doit

C

estre innocent, non seulement parce qu'il
est necessaire), mais aussi parce que le secours que nous auons tiré de l'Estranger est
du tout aduantageux pour le seruice du
Roy, & nullement preiudiciable. Ouy
son Altesse Royale peut dire qu'elle a de-
sarmé le Roy d'Espagne, ayant obtenu de
sa Majesté Catholique ses troupes pour
faire la guerre au Cardinal Mazarin, auec
des asseurances Royales & certaines, qu'il
ne se fera aucun acte d'hostilité sur aucune
place du Royaume, & que toutes ses forces seront employées pour destruire le party Mazarin, & pour conclure le traitté de
Paix, que les conseils de ce Ministre fa-
ctieux, ont iusqu'à present eludée. Encores on pourroit dire auec raison que ce n'est
point les Espagnols, ou des ennemis de l'E-
stat que l'on a fait venir en France pour
combattre le party ennemy des Parlemēts,
& des peuples, puisque ce sont des troupes
ramassées de Soldats de fortune, qui ne
sont point attachées qu'au seruice de ceux
qui les payent, & sont indifferemment
pour les François ou pour les Espagnols,
selon que les vns ou les autres les employẽt.

De plus, vne armée n'agit que par les or-
dres de celuy qui la commande : les Soldats ne doiuent estre censez que par leur
General. Or celuy qui commanda l'armée
que le Duc de Lorraine a donné à son Altesse Royale n'est pas vn Estranger ; c'est vn
Heros, c'est le Duc de Nemours mon Beau-
frere, lequel s'est employé genereusément
à la defense du Prince de Condé, qui l'a
choisi pour negocier auec le Duc de Lorraine, & par sa conduite a fait aduancer ce
secours auec lequel nous esperons de ruiner bien-tost les veritables ennemis de
l'Estat. Si les partialitez ne faisoient juger
des choses que selon qu'elles sont, pourroit
on dire que ces troupes qui viennent secou-
rir les Princes, les Parlemens, & les peuples fussent des ennemis de la France, puisque dans leur route, bien loin d'exercer les
desordres que celles du party contraire
exercent au milieu du Royaume sur des
pauures innocens qui ne sont coupables,
ny responsables de ces querelles. Les hor-
reurs qui ont esté commises deuant Paris,
par les Suedois, & les Allemants, feront
reconnoistre les Mazarins, d'auec les veri-

tables François, & ie ne pense pas que le
Conseil puisse iamais pretendre de faire dé-
clarer, criminels de leze Majesté, ceux qui
combattent pour le Roy, espargnant les
biens de ses subjets obseruant la discipline
militaire qui ne demandent que l'vnion de
la Maison Royale, la seureté des Princes,
le soulagement des peuples, le repos & la
tranquillité publique, & faire passer pour
de legitimes François ceux qui font tout le
contraire. Mais par qui les Princes peuuent
estre declarez criminels. Ce n'est que par
le Roy seant dans son lict de Iustice, c'est à
dire par ses Parlements. Mais ces mesmes
Parlements ont déja declaré criminels de
leze Majesté, celuy que nous combattons;
c'est pour l'execution de leurs Arrests que
que nous auons prins les armes ; c'est pour
releuer leur authorité, que nous exposons
nos vies, uos biens, & nos amis, & apres
cela on voudra pretédre que les protecteurs
de la Iustice feront condamnées par la Iustice ? par quelle raison est-ce qu'on les a trahis
les Parlements, & qu'on les a abandonnez
apres auoir entrepris leur deffense ? bien au
contraire toute la France est tesmoin que

i'ay

j'ay toûjours embrassé leur party, & que i'ay voulu ou triompher ou perir auec vn Corps si auguste & si venerable, & que maintenant il y a vne
intelligence tres-parfaite, & vne vnion entiere
entre ces illustres Compagnies & les Princes. A
prendre les choses comme il faut, si nous voulons
disputer du fonds de la cause, Personne ne reuo-
que en doute que l'authorité Royale ne soit entiere dans la personne du Monarque: mais il est icy
necessaire de la distinguer quant à son estre, &
quant à ses facultez pour agir. Car la jeunesse de
nostre Monarque ne luy permettant pas de pou-
uoir agir encor tout seul dans le gouuernement,
cette mesme authorité doit agir hors de sa personne sacrée. Et par qui peut-elle agir plus legitimement, que par les Princes du Sang, qui venant d'v-
ne mesme source, participét vne mesme puissance
sans diminuer celle du Monarque. Seroit-il possi-
ble que des François puissent se persuader, que le
Conseil, qui n'est composé que des partisans de
Mazarin, possede legitimement l'authorité Royale, & que les Princes & les Parlemens ne la posse-
dent point & que ceux-cy doiuent plûtost laisser
perir le Royaume, que de s'opposer à l'injustice, &
à la violence des autres? & qu'on est criminel de
leze-Majesté quand on s'oppose à l'Eminence du
Mazarin: Cela se trouuera non seulement estrage,
mais encore ridicule, & neantmoins il se treuue
beaucoup de personnes, j'entens tous ceux qui

D

font interessez au monopole, qui veulent faire paſ-
ſer pour rebellion la pourſuite de leurs larcins &
brigandages. Il n'eſt que trop vray que le propre
intereſt aueugle la pluſpart des hommes: Auſſi
Seneque auoit accouſtumé de dire, que les hommes errent par neceſſité, & que meſme ils ſe trou-
uet obligez à defendre leurs erreurs *inter cætera
mortalitatis incommoda hæc eſt caligo mentium non
ſolum errandi neceſſitas, ſed errorum amor.* C'eſt
principalement le patti que nous combattons qui
ſe trouue frapé de cét aueuglement: l'ambition
& l'auarice, qui ſont les deux parties eſſentielles
des Fauoris, & de leurs partiſans, leur perſuadent
tout ce qui fait à leur auantage: & pourueu qu'v-
ne choſe leur ſoit vtile, elle eſt trouuée iuſte, & in-
iuſte lors qu'elle eſt à leur prejudice. Sans doute
que le C. Mazarin s'eſt flatté de cette vaine eſpe-
rance, ſon abition l'a aueuglé, luy ayant fait per-
dre le iugement, lors qu'elle l'a porté à venir auec
main forte dans le Royaume, & maintenant qu'il
void deuant ſes yeux le precipice, il penſe de l'éui-
ter, ſe voyant entouré de quelques troupes, &
auoir entre ſes mains les Seaux pour enuoyer des
Lettres de cachet, auec leſquelles il croit faire peur
à tout le monde. Mais ce n'eſt pas d'aujourd'huy
que ce Miniſtre ſuppoſe à des Princes ſes propres
crimes. Apres auoir enuahi l'authorité Royale,
Apres auoir oſté au Roy ſes Gardes & ſes dome-
ſtiques, pour ſe rendre maiſtre abſolu de tout: Il

menace de faire declarer criminels ceux qui se veulent opposer à ses attentats, & punir ses sacrileges. Il veut faire passer pour ennemis de l'Estat ceux qui ne veulent point consentir à sa ruine : Et comme il ne craint rien tant que la jonction des deux armées de Son Altesse Royale, laquelle se doit faire en peu de iours ; aussi fait-il tous ses efforts pour l'empescher. Il a bien eu la hardtesse de tenter le Parlement, pour luy faire donner Arrest par lequel les Communes fussent obligées de prendre les armes pour s'opposer aux troupes que le Duc de Nemours conduit pour Son Altesse Royale. Il s'est mesme trouué dans cét auguste Corps quelques-vns qui l'auoient opiné. Mais la connoissance que cette Compagnie a des intentions justes & sinceres de Son A. R. pour le seruice du Roy, a obligé les partisans du C. Mazarin de desister de leur poursuite. Et comme les deportemens de cette armée font voir qu'elle ne vient que pour seruir Son A. R. & pour avancer la paix : Aussi les peuples ne font aucune difficulté de les receuoir ; & ceux qui s'y sont opposez, ont monstré par leur defaite, que leur defense n'estoit pas legitime, voulant empescher vn si grand bien, qui doit apporter le calme, non seulement dans le Royaume, mais aussi dans toute l'Europe. C'est auec vn extreme deplaisir que nous vsons de nos forces contre la ville du Mans, qui se trouuant occupée par quelques partisans de

Mazarin, se met en posture pour empescher le pas-
sage aux armées de Son A. R. Ayant fait esperer au
Duc de Rohan, & aux habitans de la ville d'An-
gers, vn prompt & asseuré secours, ils ont mostré
leur resolution dans cette vigoureuse resistance.
Et quoy que les ennemis s'opiniastrent au siege
de cette place, & qu'ils fassent tous leurs efforts
pour en empescher le secours, neantmoins la dili-
gence auec laquelle nous faisons marcher les armées, doit deliurer les assiegez, & ruiner les assie-
geans. Ce qui nous fait encore haster dauantage
pour aller combattre les ennemis, est le danger où
se trouue maintenant la personne sacrée du Roy,
que ce perfide ministre a priué de sa garde ordinai-
re, pour noircir la France d'vne eternelle tache,
d'auoir laissé son Monarque en la puissance des
Estrangers. Il n'est point de François qui ne
soit obligé d'exposer sa vie pour la deliurance de
son Roy, & toute la récompense que Son A. R.
moy & les autres Princes qui combattent le C.
Mazarin, peuuent pretendre, n'est autre que la
gloire d'auoir retiré le Monarque d'entre les
mains d'vn Tyran, secouru les Princes du Sang
contre ses attentats, & deliuré tout le Royaume
de l'oppression.

F I N.